AF268216

LES ABEILLES

ET

LES VIOLETTES

REVUE A GRAND SPECTACLE, EN SIX TABLEAUX

De MM. CLAIRVILLE et J. CORDIER

DÉCORS DE M. CAMBON, AIRS NOUVEAUX DE M. E. MONTAUBRY, COSTUMES DE M. REY,

Représentée, pour la première fois, à Paris, sur le théâtre du VAUDEVILLE,
le 28 décembre 1852.

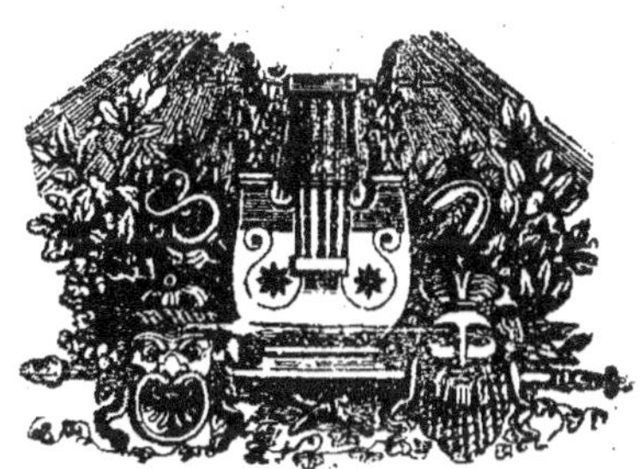

PRIX : 60 CENTIMES.

Paris

BECK, LIBRAIRE, RUE DES GRANDS-AUGUSTINS, 20

TRESSE, successeur de J.-N. BARBA, Palais-Royal.

—

1853

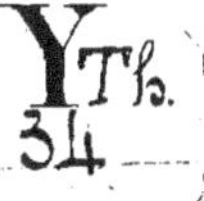

LES ABEILLES

ET

LES VIOLETTES

REVUE A GRAND SPECTACLE, EN SIX TABLEAUX

De MM. CLAIRVILLE et J. CORDIER

DÉCORS DE M. CAMBON, AIRS NOUVEAUX DE M. E. MONTAUBRY, COSTUMES DE M. REY,

Représentée, pour la première fois, à Paris, sur le théâtre du VAUDEVILLE, le 28 Décembre 1852.

PERSONNAGES.	ACTEURS.	PERSONNAGES.	ACTEURS.
PICOTIN	MM. Delannoy.	LA CHANSONNETTE	Irma Rhoné.
JEAN LE COCHER	André Hoffmann.	VICTOR	
JEAN MAURICE		MELLIFLORE	
M⁰ˢ LARFAILLOU	Réné Luguet.	LA DAME AUX CAMÉLIAS	Hennecart.
SCHELBY		ERNEST	
LE PRINCE RINALDO		PIQUANTE	Emma Chevalier.
M⁰ˢ AUSTERLITZ	Gil Pérez.	DIAPRÉE	Jeanne.
RICHARD III		PAUVRETTE	
LA PRINCESSE	Schey.	MARIANNE	
BAUDRUCHE	Chambéry.	AIGUILLONNE	Villot.
LE JUIF ERRANT		ALFRED	
L'AGENT DE LA SOCIÉTÉ	Léonce.	LA DUCHESSE D'YORK	
MADAME CABOCHARD		VOLANTE	
PREMIER COLON	Ballard.	EDGARD	Marguerite.
DUCLOS	Eugène R...	LA DAME DE LA HALLE	
UN JOUEUR D'ORGUE	Bastien.	LÉONIDE	
FERNAND		BOURDONNANTE	
HAWKINS	Roger.	BETTY	Marie.
DEUXIÈME COLON		FRANCINE	
RUTLAND	Bachelet.	AZURINE	Clorinde.
TROISIÈME COLON		MARTHE	
MADAME RHINOCÉROS	Albert.	LAODICE	Valérie.
UN GARDE CHAMPÊTRE		ÉLISABETH	
L'ONCLE TOM	Ferdinand.	PAULINE	
PETIT-PIERRE	Hébert.	LA DUCHESSE	Castel.
LUIDGI	Joanny.	MELITO	Fanny.
SCROOP	Caillot.	GENEVIÈVE	
JOHN STEIGTER	Zelger.	HENRI	
HENRI	Emelin.	DAPHNÉ	Nina.
DEUXIÈME RENTE	Lange fils.	BERTHE	
AURIOL		LA POISSARDE	
LA REINE DES ABEILLES	M⁰ᵉˢ Caroline Bader.	LAYA	Hermance.
LA FRANCE	Octave.	JEANNE	
LA TANTE TIQUOT	Chambéry.	ÉDOUARD	
		PREMIÈRE RENTE	Antonia.
		LOUISE	
		LE PHOQUE	La petite Lerouge.

Premier tableau : LE FRELON. — Deuxième tableau : LE PALAIS DE CRISTAL. — Troisième tableau : LES THÉATRES. — Quatrième tableau : LES FANTOCCINI. — Cinquième tableau : LA ROSIÈRE. — Sixième tableau : LES RUCHES.

S'adresser, pour la musique exacte, à M. R. Taranne, 15, rue Montmartre.

SCÈNE PREMIÈRE.

LA REINE DES ABEILLES, AIGUILLONNE,
FOULE D'AUTRES ABEILLES.

LA REINE.

Air nouveau de *M. Bazile* (Paris qui dort).

CHŒUR.

A l'ouvrage, vite à l'ouvrage !
Travaillons les jours et les nuits ;
Avec du zèle et du courage,
Tout le présage,
Les abeilles, du vieux Paris
Feront un nouveau Paradis.

LA REINE.

Vers le progrès, jeunes abeilles,
Nous volons !

TOUTES.

Nous volons !

LA REINE.

Afin d'enfanter des merveilles,
Travaillons !

TOUTES.

Travaillons !

LA REINE.

Redoutons les tendres embûches
Des bourdons ;

TOUTES.

Des bourdons.

LA REINE.

Et fermons avec soin nos ruches
Aux frelons.

TOUTES.

Aux frelons.

CHŒUR.

A l'ouvrage, vite à l'ouvrage !
Etc., etc., etc.

DEUXIÈME COUPLET.

LA REINE.

Que de toutes parts on allume
Nos fourneaux !

TOUTES.

Nos fourneaux.

LA REINE.

Faisons retentir sur l'enclume
Nos marteaux !

TOUTES.

Nos marteaux !

LA REINE.

Vous qui tracez, laborieuses,
Un sillon,

TOUTES.

Un sillon.

LA REINE.

Faites sentir aux paresseuses
L'aiguillon.

TOUTES.

L'aiguillon.

REPRISE DU CHŒUR.

Vite à l'ouvrage, etc., etc.

BOURDONNANTE. Ah ! que c'est fatigant !

DIAPRÉE. C'est vrai, que la chaleur nous accable !

MELLIFLORE. Comment ! vous vous reposez déjà !

BOURDONNANTE. Tiens, pour être forgeronne,
on n'est pas de fer.

LA REINE. Eh bien ! soit, j'y consens, reposez-
vous, mais pendant ce temps, vous allez me rendre
compte de vos travaux.

AZURINE. Moi, j'ai bouleversé le bois de Boulogne !...

LA REINE. Bouleversé le bois de Boulogne !..

AZURINE. Oh ! pour l'embellir.

Air de *Calpigi.*

Dans ce bois rempli de poussière,
Je vais jeter une rivière,
Et, grâce à ce fleuve nouveau,
Au lieu d' s'y prom'ner en landau,
On va s'y promener en bateau.

LA REINE.

Mais cette voiture nautique
N'exige pas de domestique ;
Que vont devenir les chasseurs ?

AZURINE.

Les chasseurs deviendront pêcheurs.

LA REINE. Oh ! alors...

LAODICE. Moi, grande reine, j'ai réparé l'horloge
du Palais de Justice.

MELLIFLORE. C'est une très-bonne idée : c'est
bien le moins que l'horloge de la justice marque
l'heure juste.

BOURDONNANTE. Moi, j'ai changé le numéro de
toutes les maisons.

LA REINE. Oh ! oh !

VOLANTE.

Air : *Un homme pour faire un tableau.*

Mais depuis que les numéros
Sont changés dans la capitale,
On nous parle de quiproquos
Très-contraires à la morale,

MELLIFLORE.

Au moment d'entrer au logis,
Pleins d'amour et pleins de tendresse,
On prétend que bien des maris,
Se sont déjà trompés d'adresse.

LA REINE, à *Aiguillonne*. Et toi, ma sœur, où
en es-tu de tes chemins de fer ?

AIGUILLONNE. Ils sont presqu'achevés, mais
comme j'avais du fer de reste, j'en ai fait de la
dentelle.

LA REINE. De la dentelle ! avec du fer !

VOLANTE.

Air du *Page.*

On en portera cet hiver.

LA REINE.

Tu nous racontes des folies.

VOLANTE.

Non pas, mes guipures en fer
Embelliront les plus jolies.

AZURINE,
C'est admirable, et les maris, je crois,
Applaudiront à ces dentelles,
Car les amants se piqueront les doigts,
En dérangeant les fichus de leurs belles.

LA REINE. Et vous, mes sœurs?

LAYA. Moi, j'ai fondé des écoles gratuites pour les ouvriers.

DAPHNÉ. Moi, j'ai fermé les portes des cabarets.

MÉLITO. Moi, j'ai supprimé toutes les somnambules.

DIAPRÉE. Et moi, j'ai fait dans un seul jour, quatorze mariages.

TOUTES. Quatorze mariages?

DIAPRÉE. Oui, mes sœurs, au bal de la Halle.

AIGUILLONNE. Voilà des maris qui se souviendront de ce jour-là.

Air :

Au bal où vous les conviez,
Vous faites paître vingt-huit flammes,
Et d'un seul coup, vous mariez
Quatorze hommes, quatorze femmes.
MELLIFLORE.
Pour les maris, c'est alarmant,
Car chaque femme était jolie.
AIGUILLONNE.
Et pourtant, le gouvernement
Les maria sans garantie.

LA REINE. Allons, allons, mes sœurs, le temps se passe, il faut nous remettre au travail.

DIAPRÉE. Si encore les bourdons nous aidaient!

LA REINE. Nos maris! ils n'étaient jamais contents de rien.

AZURINE. Ils bourdonnaient toujours et ne travaillaient pas.

LA REINE. Gardons-nous de les imiter; allons, mes sœurs, à l'ouvrage.

Air : *Ronde des Bloomeristes de M. Montaubry.*

Allons,
Volons,
Jeunes abeilles,
Pour l'industrie, enfantons des merveilles.
Allons,
Volons,
Jeunes abeilles,
Et travaillons
Sans craindre les frelons.
MELLIFLORE.
Mes sœurs, du courage,
Vite, à nos outils.
AZURINE.
Toujours, à l'ouvrage,
Bravons les périls;
Je crains les embûches...
AIGUILLONNE.
Bah! si les frelons
Attaquent nos ruches,
Nous les défendrons.

TOUTES.
Allons,
Volons,
Jeunes abeilles, etc.
AZURINE.
Le travail avance.
BOURDONNANTE.
Mettons-y du soin.
LA REINE.
D'une autre défense
Avons-nous besoin?
Si la paresseuse
Court à son trépas,
De la ruche heureuse
On n'approche pas.
TOUTES, *travaillant.*
Allons,
Volons, etc.

PICOTIN, *au dehors.* Brron, brron, brron!

LA REINE. Quel est ce bourdonnement?

AIGUILLONNE. On dirait le bourdonnement d'un frelon.

LA REINE. Allons donc! les frelons ne bourdonnent plus, nous les avons fait taire.

AIGUILLONNE. Pas tous... il en est qui se sont réfugiés rue des Bourdonnais.

LA REINE. Si c'était un de ceux-là!.. (*Nouveau bourdonnement.*)

AIGUILLONNE. Juste!.. je le reconnais, c'est Picotin.

LA REINE. Picotin! le Cartouche des frelons!

TOUTES. Notre ennemi!

LA REINE. Abeilles, à vos aiguillons! (*Toutes les abeilles vont aux ruches, et s'emparent d'une petite lance, terminée par une pique.*)

TOUTES. Aux armes!

LA REINE. Le voici, laissons-le s'approcher. (*Toutes les abeilles se cachent derrière les ruches.*)

SCÈNE II.

LA REINE DES ABEILLES, AIGUILLONNE, AUTRES ABEILLES, PICOTIN, *puis* LA FRANCE.

Air :

PICOTIN, *entrant.*
Oui, je suis piquant, je pique comme un porc-épic.
Gens piqués, craignez ma piqûre,
Car je sais piquer comme un piquant fils d'Epicure.
Je pique et pique comme un aspic.
Je pique l'auteur comique;
Pas d'ouvrage dramatique
Que je ne pique et repique;
Des piqueurs je suis le roi
Oui, satirique et caustique,
Quant à piquer je m'applique,
Il n'est pas sous le Tropique
Piqueur plus piquant que moi.
Je suis d'une colérie
Qui ne trouve de génie

Qu'à la camaraderie ;
Nous vivons pour attaquer.
Je pique partout, et même
Je pique les gens que j'aime,
Je me piquerais moi-même,
N'ayant personne à piquer.
Oui, je suis piquant, etc., etc.

TOUTES LES ABEILLES, *cachées, riant.* Ah! ah! ah! ah!

PICOTIN. Qui est-ce qui se permet de me rire au nez?

LES ABEILLES, *se montrant.* Nous!

PICOTIN. Des abeilles!

LA REINE. Bonjour, Picotin.

PICOTIN. Bonjour, mes charmantes, avons-nous bien travaillé?... m'avez-vous préparé de ce bon miel?.. songez que je vous croque si je ne suis pas content.

LA REINE. Tu nous croques?

PICOTIN. Mais oui, je vous trouve gentilles à croquer.

AIGUILLONNE. C'est-à-dire que nous devons te nourrir à rien faire.

PICOTIN. Mais comme de juste !

Air : *Gn' y a qu' Paris.*

De mon état, je suis frelon ;
Dans les entrailles de la terre,
Par le travail découvre-t-on
Quelque gisement aurifère,
Moi, je m'empare du filon ;
    Je suis frelon,
    Je suis frelon.
Pour moi, qu'on fasse maint effort,
Pendant que je flâne et m'amuse ;
J'ai pour moi le droit du plus fort,
Et de ce droit, j'use et j'abuse ;
Faibles, craignez mon aiguillon,
    Je suis frelon. (*Bis.*)

(*Il veut s'élancer sur elles.*)

LA REINE. Tout doux, mon maître! tous doux! nous avons nos aiguillons aussi.

PICOTIN. Ah! tu me braves parce que suis seul et que vous êtes en nombre! Eh bien, je vais... (*Il se précipite sur elles ; toutes les abeilles se rangent sur une ligne, en abaissant leurs aiguillons.*) Bigre! je les trouve trop piquantes... heureusement voici la ruche de la guerre...

LA REINE. Fermée pour cause de paix générale. (*Musique. — Entrée de la France.*)

PICOTIN. Fermée!.. et par qui?

LA FRANCE. Par moi! la France!

TOUS. La France!

LA FRANCE. Oui, la France.

Air : *Ne raillez pas la garde citoyenne.*

Regarde-moi, je suis seule et sans armes,
Trop de lauriers ont chargé mes drapeaux ;
Chez moi, la guerre a coûté trop de larmes,
Pourtant, la paix ce n'est pas le repos.
Plus de combats, même avec la victoire,
Car toute lutte est un épouvantail,
Laissons dormir les soldats de la gloire,
Et réveillons les soldats du travail.
C'est à régler toutes les existences
Que nous devons apporter tous nos soins,
N'avons-nous pas les mêmes espérances,
La même terre et les mêmes besoins.
On nous disait : « Tous les peuples sont frères, »
Et ce grand mot, constamment répété,
Qui ne pouvait se prouver par des guerres,
Va, par la paix, être une vérité.
Grâce à la paix, que tant d'hommes projettent,
On a dompté la flamme, l'onde et l'air ;
Et pour s'unir, tous les peuples se jettent
Dans ces grands bras nommés chemins de fer.
Rendons plus large et rendons plus féconde,
La route ailée où court le genre humain,
Et travaillons à raccourcir le monde,
Si nous voulons nous donner tous la main.
Chez mes voisins, pendant que tout se couvre,
De plomb, de fer, de vaisseaux, de remparts,
Paisiblement, moi, j'achève le Louvre,
Musée ouvert à la gloire des arts.
Mais cependant, chers voisins, si terribles,
Je vous permets de gaspiller vos biens.
En attendant des guerres impossibles,
Armez vos bras, je désarme les miens.
Regarde-moi, je suis seule, etc., etc.

PICOTIN. Fermée, cette ruche de frelons! et tous mes camarades qui devaient m'y attendre... je cours les délivrer. (*Musique. A ce moment la ruche tout entière se transforme en violettes et du bout des dards des abeilles sort également un bouquet de violettes. Sur la ruche qui portait pour inscription :* RUCHE DE LA GUERRE, *on lit :* RUCHE DE LA PAIX.) Qu'est-ce que c'est que ça ?

LA FRANCE.

Air : *Vaudeville de l'Ours.*

Elles ont butiné déjà
Sur mille fleurs fraîches écloses,
Sur le jasmin, le réséda,
Sur les tulipes et les roses ;
Et si les abeilles vous font
Des réformes aussi complètes,
Au milieu des jeux et des fêtes,
C'est que, cette année, elles ont
Butiné sur des violettes.

(*Musique. — Elle sort sur la reprise.*)

PICOTIN. C'est drôle, il me semble que je deviens doux comme un mouton... mais mes camarades, où sont-ils?

LA REINE. Ils sont en train de démolir le vieux Paris.

PICOTIN. Ils démolissent : ah! que je les reconnais bien là !

LA REINE. Oui, mais aujourd'hui, c'est pour reconstruire.

PICOTIN. Des frelons qui construisent et qui travaillent ! ça ne s'était jamais vu dans l'histoire naturelle... au moins, donne-moi de leurs nouvelles... qu'est devenu Bourdonnant?

AIGUILLONNE. Il est en train de démolir la rue du Mouton.

PICOTIN. La rue du Mouton, fricassée!.. quel abattoir!..

Air : *Vaudeville du Château-Perdu.*

A démolir, il paraît qu'on s'acharne.
AIGUILLONNE.
Pour opérer des embellissements,
Nous détruisons les maisons à lucarne,
Maisons sans air...
PICOTIN.
Pourquoi ces changements?
LA REINE.
C'est pour donner à la classe souffrante
Maint logement, plus commode et plus sain;
Pour la santé de la classe indigente,
Un bon maçon vaut mieux qu'un médecin.

PICOTIN. Vous espérez faire un nouveau Paris?

LA REINE. C'est presque déjà fait... à la place des rues Pierre-Lescot, de l'Arbre-Sec, des Deux-Boules, du Mouton, et de tant d'autres, nous venons d'achever la rue de Rivoli.

PICOTIN. La rue de Rivoli!

LA REINE.

Air de la *Robe et des Bottes.*

A la terminer on travaille,
PICOTIN.
Rue d' Rivoli!
LA REINE.
Ce nom porte bonheur.
Ce fut celui d'une grande bataille.
Pouvais-je en choisir un meilleur?
Nous avons fait tomber mainte antiquaille,
Et dans Paris, par nos soins embelli,
Sur les vieill's rues, c'est un' bataille
Gagnée encor par le nom d' Rivoli.

PICOTIN. Mais c'est incroyable!.. qu'est-ce que je vais donc devenir, moi?

LA REINE. Un bon sujet, si tu peux.

PICOTIN. Mais après les misères que je vous ai faites, si je vous demande protection, vous me repousserez.

LA REINE.

Air : *J'ons un curé patriote,* ou : *J'aime qu'un Russe soit Russe.*

Nous ne repoussons personne
De ceux qui viennent à nous;
Et si tu veux, je te donne
Un emploi.
PICOTIN.
Que dites-vous?

LA REINE.
Dieu, qui fit un peuple ailé,
Au même nid rassemblé,
Veut encor
Voir d'accord,
Les guêpes et les bourdons,
Les abeilles et les frelons.
REPRISE.
LA REINE.
Veut encor, etc.
Malgré plus d'une querelle,
Nous sommes frères toujours,
Et l'histoire naturelle
A parlé de nos amours.
Au lieu de nous abhorrer,
Au lieu de nous dévorer,
Rapprochons,
Unissons,
Les guêpes et les bourdons,
Les abeilles et les frelons.
TOUS.
Rapprochons, etc.

PICOTIN. Mais depuis que je suis absent, je ne sais rien de ce qui s'est passé, je vivais sous une grosse pierre de la rue des Deux-Boules, et je ne me suis réveillé que ce matin quand on a démoli la rue où j'étais sous pierre.

LA REINE. Si tu désires connaître les nouveautés parisiennes, rien de plus facile... j'ai une heure de repos à te consacrer, mais après cette heure, tu nous promets de te mettre à l'ouvrage avec nous!

PICOTIN. Je vous le jure.

LA REINE. C'est bien. (*Aux abeilles.*) Retirez-vous, mes sœurs... (*Les abeilles sortent.*)

REPRISE DU CHŒUR.

A l'ouvrage, vite à l'ouvrage, etc.

LA REINE. Et toi, Picotin, attention!.. je vais faire défiler devant toi nos excentricités modernes; et pour commencer, regarde! (*On voit sortir du dessous une muraille sur laquelle on lit d'un côté :* IL EST DÉFENDU DE *etc; et de l'autre côté :* DE CE MUR :

PICOTIN. Qu'est-ce que c'est que ça?

LA REINE. Le Palais de Cristal.

PICOTIN. Mais c'est un mur. (*Il s'approche et lit.*) « De ce mur. »

LA REINE. Cela n'empêche pas que ce palais ne soit déjà coté à la Bourse.

PICOTIN. Vraiment?

Air :

Quoi! ce palais qu'ils escomptent,
Ne monte pas encor...
LA REINE.
Mais
Toutes les actions montent,
En attendant le palais.
PICOTIN.
C'est donc à n'y rien comprendre,

LA REINE

Peut-être qu'on verra,
Dieu, qui m'a créé,
Les actions redescendre,
Quand le palais montera.

BAUDRUCHE, *au dehors.* Viens, Azor, viens.

PICOTIN. Tiens! un vieux pauvre conduit par un chien muselé! il faut que je lui fasse la charité; justement je dois posséder une pièce de cinq sous.

SCÈNE III.

LA REINE, PICOTIN, BAUDRUCHE.

BAUDRUCHE, *il porte un manteau de toile cirée qui lui donne l'air d'un mendiant; sa tête est ombragée par le pavillon tout grand ouvert d'un parapluie dont le manche est attaché à son dos, et il tient en laisse un chien dont le museau est pris dans une de ces nouvelles muselières, en forme d'écuelles.* O le génie des inventions! mon cerveau bouillonne, ma tête est une chaudière à vapeur; si je lâche la soupape, c'est fait de ma cervelle. (*Voyant Picotin qui met la pièce de cinq sous dans la muselière.*) Que faites-vous, Monsieur?

PICOTIN. Je vous fais l'aumône.

BAUDRUCHE. L'aumône! insolent!

PICOTIN. Comment! est-ce que vous n'êtes pas un pauvre?

BAUDRUCHE. Pauvre! moi...

PICOTIN. Je vous demande pardon, Monsieur, je me suis trompé et je vais reprendre... Ah! mon Dieu! il a avalé ma pièce de cinq sous!

BAUDRUCHE. Avalé!.. Il n'y a pas de risque... ça ne passe plus.

PICOTIN. Très-bien, Monsieur... mais qu'est-ce que vous avez là? (*Il désigne son parapluie.*)

BAUDRUCHE. Encore une de mes inventions, le parapluie commode à l'usage des manchots.

PICOTIN. Mais ça doit bien vous gêner quand il fait beau temps?

BAUDRUCHE. Du tout, Monsieur, quand il fait beau, je mets mon parapluie dans ma poche.

PICOTIN. Ah! par exemple.

BAUDRUCHE. Rien de plus facile... donnez-vous la peine de le détacher de mon dos.

PICOTIN. Ah! bon! et il faut avoir un domestique...

BAUDRUCHE, *reprenant le parapluie des mains de Picotin.* Vous le prenez ainsi; vous le démontez comme ça; le manche vous sert de canne et le parapluie vous sert de mouchoir.

PICOTIN. C'est très-ingénieux. Mais tout cela ne m'explique pas ce manteau qui vous donne l'air d'un cocher, et cette muselière qui donne à votre chien l'air d'un chien d'aveugle.

BAUDRUCHE.

Air de *Dagobert.*

C'est tout ce qu'on veut,
Mais avant tout c'est très-commode;
Ce vêtement peut
Me servir, surtout quand il pleut.
Grâce aux airs fringants
De ces paletots à la mode,
Tous les élégants
Ont des airs de chefs de brigands.
Plus de Saint-Médard,
Car
Dans ces paletots
Chauds,
Et qui sont de bon
Ton,
Nous bravons partout
Tout,
Avec,
On est sec;
Sans parapluie,
Par la pluie,
Du ciel en courroux,
Tous les frimas glissent sur nous.
Quant aux chiens, Monsieur,
C'était encore plus utile;
C'est un grand bonheur,
De la rage, nous avions peur.
Pour mettre le chien
A l'abri du sergent de ville,
Certes, il n'était rien,
De préférable à ce moyen.
Oui, grâce à celui
Qui,
Chez nous inventa
Ça,
Sans être enragé,
J'ai
Conservé mon tou-
Tou.
Or, je le maintiens,
Toutes nos modes
Sont commodes;
Et je les retiens,
Pour les hommes
Et pour les chiens.

REPRISE.

C'est tout ce qu'on veut, etc., etc.

C'est encore moi qui ai inventé le musée d'horticulture.

PICOTIN. Un nouveau Musée? et qu'y expose-t-on?

BAUDRUCHE. On y expose des panais, des navets et des carottes.

PICOTIN. Quel musée pot-au-feu?.... comment! pas une seule fleur?

BAUDRUCHE. Si fait; on y voit aussi des choux-fleurs... mais ce n'est pas tout... et mon chemin de ceinture pour Paris!

PICOTIN. Une ceinture à ce pauvre Paris, qui étouffait déjà!

BAUDRUCHE. Justement, il prenait trop de ventre.

PICOTIN. Monsieur, voulez-vous m'expliquer votre chemin de ceinture?

BAUDRUCHE. Oh! c'est une invention très-utile; tenez, par exemple, Monsieur, vous avez besoin de vous rendre immédiatement à Montmartre... vous vous trouvez sur la place de la Bourse...

PICOTIN. Je m'y trouve quelquefois.

BAUDRUCHE. Vous prenez un fiacre, vous vous faites conduire à la barrière d'Enfer, ou à la barrière Charenton; là, il y a une station, vous montez dans un wagon, et ipsitt!!! cinq minutes après vous êtes rendu à Montmartre.

PICOTIN. Mais permettez, Monsieur, si je suis une heure en fiacre, ça fait cinq minutes plus une heure.

BAUDRUCHE. Non, ça fait une heure cinq minutes.

PICOTIN. Mais c'est ce que je disais! il est très-contrariant, ce monsieur.

BAUDRUCHE. Oh! c'est très-utile!.. mais, Monsieur, c'est par le chemin de ceinture que j'ai fait venir mon phoque et ma baleine.

PICOTIN. Vous avez un phoque et une baleine?

BAUDRUCHE. Oui, Monsieur, deux poissons de mer... et de père inconnu; l'un est au Jardin des Plantes et l'autre au boulevard du Temple.

LA REINE. Nous pouvons les faire venir... tiens, les voici. (*Apparition du phoque et de la baleine.*)

PICOTIN. Ah! le joli petit phoque, le joli petit phoque!

BAUDRUCHE. Il est plein d'intelligence; croiriez-vous, Monsieur, qu'au Jardin des Plantes, il ose parler au public?

PICOTIN. Conçoit-on que ce poisson-là *l'ose.*

BAUDRUCHE. Il est si intéressant, que lorsque je lui disais, sous le Tropique: Phoque, je sue, je sue, phoque, il m'éventait avec ses nageoires.

PICOTIN. Ah! pour ça, c'est une colle de poisson.

BAUDRUCHE. Vous vous étonnez déjà? mais si je vous disais que je vais le faire travailler devant vous, et que ses nageoires lui serviront de mains.

PICOTIN. Pourquoi pas aujourd'hui?

BAUDRUCHE. Que vous êtes bête! elles lui serviront aujourd'hui de mains.

PICOTIN, *comme s'il comprenait.* Ah!.. (*A part.*) Je ne comprends pas.

BAUDRUCHE. Pour commencer, je vais le faire valser; attention! (*Il le frappe sur le dos.*)

PICOTIN. Mais, dites donc, vous lui donnez une pile.

BAUDRUCHE. Oui, c'est une valse de *Pilodo.*

PICOTIN. C'est charmant!.. mais votre baleine qui a le dos fin, est-ce qu'elle aurait aussi quelques petits talents de société?

BAUDRUCHE. Oh! non, elle est trop grosse.

PICOTIN. En effet, on la croirait dans une position intéressante; elle ne tardera pas à avoir le mal de mer.

BAUDRUCHE. Ah! je vais vous dire: cette année elle a avalé tout ce qui tombait dans l'eau, et il est tombé beaucoup de choses dans l'eau, cette année.

PICOTIN. Cristi! je voudrais bien voir l'intérieur de cette baleine-là!

LA REINE. Rien de plus facile. (*La baleine s'ouvre; on voit peints dans l'intérieur tous les objets dont il va être question.*)

PICOTIN. Ah! l'on dirait d'un bazar.

BAUDRUCHE, *montrant tour à tour les objets dont il parle.*

Air de *Larifla.*

Les dentelles en fer,
La direction dans l'air,
Et les chemins de fer
Pour traverser la mer.

CHŒUR.

C'est tombé dans l'eau (*Ter.*)
Ces produits nouveaux,
Ces produits si beaux,
Sont tombés dans l'eau.

BAUDRUCHE.

Cet omnibus nouveau,
Cet omnibus-bateau,
Qui devait, pour cinq sous,
Nous conduire à Saint-Cloud...

REPRISE.

C'est tombé dans l'eau, etc.

BAUDRUCHE.

Un d'ces petits talmas,
Qu'les homm's portaient sous l'bras.
Un d'ces jolis chapeaux,
Qu'les femm's portaient dans l'dos...

REPRISE.

C'est tombé dans l'eau, etc.

BAUDRUCHE, *confidentiellement.*

Bref, c'est ce poisson-là,
Qui, tout seul, avala
Tous ces produits si grands
Qui, dans ces derniers temps...

REPRISE.

Sont tombés dans l'eau;
Ces produits nouveaux,
Ces produits si beaux,
Sont tombés dans l'eau.

(*Baudruche sort.*)

PICOTIN. Quel drôle d'original! tiens, il a laissé tomber une lettre!

LA REINE. Il faut la mettre à la poste.

PICOTIN. Mais je n'en vois pas, de poste.

LA REINE. Tiens, en voilà une. (*Elle fait signe, paraît une borne-poste.*)

PICOTIN. Ça, une poste, mais c'est une borne.

LA REINE. Oui, une borne aux lettres.

PICOTIN. Comment! maintenant, au lieu de jeter ses lettres à la poste, on les jette à la borne!

LA REINE. Oui, mon bon.

PICOTIN,

Air du *Piége*.

Cette borne me fait l'effet
D'une ancienne borne-fontaine,
Où ma cuisinière lavait
Son escarolle et sa romaine,

LA REINE.

On en a fait une poste.

PICOTIN.

En ceci,
Elle n'encourt pas de semonces,
A la romaine, elle a servi,
Et servira pour les réponses.

(*Il jette la lettre à la boîte, qui disparaît. — Ici on
entend un joueur d'orgue.*)

PICOTIN. Qu'est-ce que cela?.. un joueur d'orgue!

LA REINE. Ah! le malheureux; il va se faire
faire un procès!

PICOTIN. Un procès!

LA REINE. Justement j'aperçois l'agent de la société.

PICOTIN. De quelle société?

LA REINE. Tiens, retirons-nous là derrière ces
arbres; tu pourras tout voir et tout entendre.

PICOTIN. Un procès pour des flonflon larirette!..

SCÈNE IV.

UN JOUEUR D'ORGUE, UN AGENT DE LA
SOCIÉTÉ.

LE JOUEUR D'ORGUE, *entrant.*

Ah! dis-moi donc, Marie,
N'es-tu pas la plus jolie
Des filles de la prairie,
Qui passent en chantant le soir?..

LE PERCEPTEUR, *le suivant.* Monsieur..... c'est
soixante-quinze centimes.

LE JOUEUR D'ORGUE. De quoi, Monsieur?

LE PERCEPTEUR. Vous me devez soixante-quinze
centimes.

LE JOUEUR D'ORGUE. Pour quoi, Monsieur?..

LE PERCEPTEUR. Pour l'air que vous jouez et
que vous chantez là.

LE JOUEUR D'ORGUE. Comment, Monsieur, mon
air vous doit quelque chose?

LE PERCEPTEUR. Tous les airs me doivent quelque chose. Je suis l'un des gérants de la société
en commandite pour la perception des airs anciens
et nouveaux. On ne peut plus chanter sans nous
payer un droit de compositeur.

LE JOUEUR D'ORGUE. Comment?.. on ne peut
plus chanter gratis?

LE PERCEPTEUR, Non, Monsieur, c'est défendu
par moi.

Air de l'*Apothicaire*.

J'impose les airs du vieux temps,
J'impose les pièces lyriques,
J'impose les cafés chantants
Et tous les auteurs dramatiques;
Bref, n'écoutant que mon devoir,
J'ai fait condamner, à Beaucaire,
Un pharmacien, pour avoir
Chanté l'air de l'*Apothicaire*.   (*Bis.*)

LE JOUEUR D'ORGUE. Mais, Monsieur, permettez,
mes chansons ne me rapportent quelquefois qu'un
sou, et si vous me demandez soixante-quinze centimes, ça me gênera.

LE PERCEPTEUR. Il y a des tarifs, vous montre-
rez vos recettes.

LE JOUEUR D'ORGUE. Mais, Monsieur, si je tiens
un registre, il me faudra un teneur de livres, ça
me gênera encore.

LE PERCEPTEUR. Ça ne me regarde pas, la chansonnette doit payer, je ne connais que ça...

LA CHANSONNETTE, *entrant.* Payer, la chansonnette... jamais!

Air de la *Corde sensible*.

Qu'on me prenne,
Qu'on m'enchaîne,
Ma gaîté n'appartient qu'à moi,
Pas d'entrave
Qu'on ne brave,
Je chanterai tout, même toi ;
Même toi, ne t'en déplaise,
Qui spécules en jugeant
Ce que la gaîté française
Peut te rapporter d'argent.
Tu peux dire,
Même écrire,
Que la loi va te protéger ;
Moi, j'en doute,
Tiens, écoute
Ces paroles de Béranger.
« Au qui vive d'ordonnance,
« Jadis, prompte à s'avancer,
« La chanson répondait : France!
« La garde laissait passer. »
Fais donc place,
Que je passe!
Ou bien, je passerai sur toi.
Je terrasse,
Quand je passe,
Ce qui se trouve devant moi.
Si la France eût, à son aurore,
Imposé le roi Dagobert,
On ne saurait pas encore
Qu'il mit sa culotte à l'envers.
Qu'on me prenne,
Qu'on m'enchaîne, etc.

LE PERCEPTEUR. Pardon, Madame, quel est l'air
que vous venez de chanter là?

LA CHANSONNETTE. Je n'en sais rien, Monsieur.

LE PERCEPTEUR. Alors, vous me devez soixante-
quinze centimes.

LE JOUEUR D'ORGUE. C'est donc sérieux?

LA CHANSONNETTE. Si c'est sérieux!

Air de *Périnette*.

Nous ne pouvons plus chanter,
Même l'air de Périnette,
La plus mince chansonnette
A Monsieur doit rapporter.

LE PERCEPTEUR, *parlé*. Mais il me semble que je connais...

LA CHANSONNETTE, *continuant.*

Un couplet de circonstance
Ne trouve plus un seul air.

LE PERCEPTEUR, *en fredonnant le même air.* Quel est donc cet air?

LA CHANSONNETTE, *continuant.*

Oui, ce bel air que l'on admire,
Que chacun veut écouter,
Je vous le chante pour vous dire
Que je ne peux plus le chanter.

LE PERCEPTEUR. Mais vous l'avez chanté jusqu'à la fin; vous me devez soixante-quinze centimes.

LA CHANSONNETTE.

Air : *Va, Pingot, va plus fort* (les Gamins).

Loin de refroidir l'âme ardente
De nos artistes généreux,
Dis-leur : Chantez pour que l'on chante,
Chantez pour que l'on soit heureux.
Le génie est votre partage,
Aux pauvres, donnez-le gratis,
Le rossignol dans le bocage
A ses chants ne met pas de prix.

LE PERCEPTEUR. C'est soixante-quinze centimes.

LA CHANSONNETTE.

Air : *Viv' l'amour et les pomm's de terre* (Gentil Bernard, quatrième acte).

La chanson et les pomm's de terre,
C'est à la fois la gaîté,
La santé.
Le bonheur ne descend sur terre
Que lorsqu'il a
Ces deux aliments-là.
Qu'on se substante,
Qu'on s'alimente
Et que l'on chante
Sur tous les tons.

LE PERCEPTEUR, *parlé*. Mais, c'est l'Amour et les pommes de terre, ça !

LA CHANSONNETTE, *continuant.*

Chantons
Tant que nous le pourrons.

Air de *Royal-Tambour.*

Fille de la chanson,
Je suis la chansonnette,
En tous lieux on me fête,
En tous lieux on répète :
La chansonnette
Prête du charme à la raison.

LE PERCEPTEUR, *parlé.* Le Royal-Tambour !

LA CHANSONNETTE, *continuant.*

Car elle est coquette,
Elle est gentillette
Et sans façon.
A la guinguette,
Et dans les salons,
La chansonnette
Prend tous les tons.

(*Elle sort en courant. Le percepteur sort en courant après elle et en criant.*)

LE PERCEPTEUR, *sortant.* Madame, Madame, c'est soixante-quinze centimes.

LE JOUEUR D'ORGUE, *profitant du départ du percepteur pour sortir de l'autre côté.*

Ah! dis-moi, pauvre Marie,
N'es-tu pas la plus jolie, etc., etc.

PICOTIN, *au joueur d'orgue.* Eh! Monsieur, c'est soixante-quinze centimes.

LE JOUEUR D'ORGUE, *sortant.* Des navets !

PICOTIN. Comment! il répond des navets à la carotte de la société... ce n'est pas gentil ; pour un joueur d'orgue, c'est de la barbarie! (*On entend des cris.*) Ah! mon Dieu, que de monde !

LA REINE. C'est la Rente qui se rend à la Bourse; ne nous montrons pas encore.

~~~~~~

SCÈNE V.

LA REINE, PICOTIN, *cachés,* LA RENTE, *escortée de* MESDAMES AUSTERLITZ, LARFAILLOU, RHINOCÉROS, *et enfin* MADAME CABOCHARD.

(*La Rente paraît, escortée d'un tas de vieilles femmes, portières, cuisinières, etc. Elle porte un costume allégorique; sa taille est celle d'une femme de moyenne grandeur.*)

CHŒUR DES FEMMES *qui la suivent.*

Air : *Patati, patata.*

Je veux du Lyon,
De l'Avignon,
Des Canaux,
Du Bordeaux,
Du Nord, de la Vieille-Montagne!
Je veux de la rente d'Espagne,
J' veux du crin végétal,
Et moi, du Palais de Cristal.

(*La Rente a traversé le théâtre, et sort par la coulisse opposée.*)

MADAME LARFAILLOU. Arrêtez, Mesdames, arrêtez!

MADAME AUSTERLITZ. Oui, nous ferions bien de nous arrêter, si nous ne voulons pas l'être, arrêtées.

MADAME RHINOCÉROS. Nous en fait-on une de chasse, mon Dieu !

MADAME LARFAILLOU. Mais c'est de la persécution ! Enfin, autrefois, mes biches, on nous laissait
~~~~~~

entrer à la Bourse, et v'là qu'on nous a flanquées à la porte.

MADAME AUSTERLITZ. Comme les cannes et les parapluies.

MADAME RHINOCÉROS. Nous avons voulu rester à la porte...

MADAME LARFAILLOU. Et on nous a reflanquées à la porte de la porte.

MADAME RHINOCÉROS. Pour lors, nous nous sommes réfugiées sous une porte cochère...

MADAME AUSTERLITZ. Une porte que nous avions louée pour faire nos petits tripotages.

MADAME LARFAILLOU. Oui, et le portier n'a pas voulu nous laisser tripoter sous la porte.

MADAME AUSTERLITZ. C'qui fait qu' nous avions établi notre petite bourse sur la place de ce nom, dans une voiture de remise.

MADAME LARFAILLOU. Et on nous a fait déménager sans remise.

MADAME AUSTERLITZ. Et tout ça parce que nous sommes du beau sexe !

Air de Fanchon.

> Sans doute, aux agents d' change,
> Notre tournure d'ange
> Donnait de la distraction.

MADAME LARFAILLOU.

> L'amour qui boursicotte
> Peut se tromper, mais devait-on
> Du pays de la côte
> Chasser le cotillon!

TOUTES.

> On autoris' la cote,
> On chass' le cotillon!

MADAME CABOCHARD, *entrant.* C'est une horreur! c'est une indignité!

TOUTES. Madame Cabochard!

MADAME AUSTERLITZ. Qué que vous avez donc, ma pauvre mame Cabochard?

MADAME CABOCHARD. Ce que j'ai, mame Austerlitz, j'ai que je viens de manquer d'être fourrée au violon par un grand monsieur à trois cornes, à qui que je demandais oùs qu'en était la rente?

MADAME RHINOCÉROS. La rente!.. mais nous venons de la voir passer.

MADAME CABOCHARD. Vous l'avez vue? et comment est-ce qu'elle se comporte au jour d'aujourd'hui, cette bonne petite rente?

MADAME AUSTERLITZ. Eh! eh! elle marche assez gentiment, mais pas de différence avec hier.

MADAME RHINOCÉROS. Ni grandie, ni diminuée.

MADAME LARFAILLOU. Elle est comme les vieilles bottes de mon mari, que je ne peux plus faire remonter. — Vous, mame Austerlitz, qu'êtes somnambule, vous *deveriez* bien vous endormir un peu pour savoir s'il y aura de la baisse ou de la hausse.

MADAME AUSTERLITZ. J' peux pas, mame Lar-

faillou, j' peux pas, mon magnétiseur est au clou pour abus de fluide.

MADAME LARFAILLOU. Ah! le vilain!

MADAME CABOCHARD. Comme c'est malheureux, tout de même, qu'on arrête les somnambules, moi qui voulais savoir si je gagnerais au tirage des obligations de la ville.

TOUTES. Vous avez des obligations?

MADAME CABOCHARD. J'ai tant d'obligations que ça me désoblige, et que je finirai par acheter des docks.

TOUTES. Des docks!..

MADAME CABOCHARD. On m'a dit que ce serait très-bon, quand on aura trouvé un terrain et des marchandises.

MADAME LARFAILLOU. Eh bien moi, je préfère les lits militaires; je veux convertir mes jouissances d'Orléans en lits militaires, mais on me demande une couverture... Ah! me voilà dans de beaux draps!

MADAME RHINOCÉROS. Laissez donc, laissez donc, tout ça ne vaut pas la compagnie du Guadalquivir et les mines de Mouzaïa.

MADAME AUSTERLITZ. Mouzaïa!.. Mouzaïa!.. je n'ai pas de confiance dans Mouzaïa. Mais voyez donc si M. Castorine, notre courtier marron, viendra nous apporter des nouvelles!

MADAME CABOCHARD. L' petit Castorine! encore un fier homme! y d'vait m' vendre une Vieille-Montagne qui montait comme la butte Montmartre; et il m'a laissé la montagne sur l' dos.

MADAME AUSTERLITZ. Et moi donc, mame Cabochard, savez-vous quelle saloperie il m'a faite, c' méchant courtier marron? J' l'ui avais dit d' m'acheter deux Lyon, et il m'en a acheté dix.

MADAME LARFAILLOU. De sorte que vous êtes bourrée, par ce marron, de Lyon. (*Elles rient.*)

MADAME CABOCHARD. C'est pas pour vous offenser, mame Austerlitz, mais il faut être, pour croire au marron, dinde. (*Même jeu.*)

MADAME RHINOCÉROS. Et moi, donc, à qui il a fait prendre de l'emprunt turc!

MADAME AUSTERLITZ. De c't emprunt qui d'vait aller en croissant! (*Même jeu.*)

MADAME RHINOCÉROS. Tout juste.

MADAME LARFAILLOU. Ah! je connais ça.

Air de l'Apothicaire.

> C' t'emprunt, c'était pour un pacha,
> Qui promettait de fameus's primes;
> J' lui prête, et puis tout à coup, v'là
> Que ses primes, c'était des frimes.
> Pourtant ce pacha, peu commun,
> Avait trois queues.

MADAME AUSTERLITZ.

> J' vois son système;
> Il nous fait la queue d' son emprunt,
> Pour en avoir un' quatrième.

MADAME CABOCHARD. N'importe... il y a une fameuse nouvelle que j'oubliais.

TOUTES. Quoi donc?

MADAME CABOCHARD. Le schah de Perse vient d'acheter pour trois cents millions de lin Malverni... (*Se reprenant.*) Maberly!

MADAME RHINOCÉROS. Trois cent millions de lin!

MADAME LARFAILLOU. Allons donc! c'est de la graine de niais.

MADAME AUSTERLITZ. Du tout, c'est de la graine de lin, et tout va monter.

TOUTES. Tout va monter!

MADAME RHINOCÉROS.

Air :

D'abord, si je gagne à la Bourse,
Je veux avoir un certain chic.

MADAME CABOCHARD.

Moi, je prends un fiacre à la course,
Et j'éclabousse le public.
J' mettrai des robes de dentelles,
Avec des enjolivements,
Qui, de mes grâces naturelles,
Feront valoir les agréments.

TOUTES.

Quel plaisir! (*Bis.*)
D' pouvoir s'enrichir!
Quel plaisir! (*Bis.*)
Et quel avenir!
Nous brillerons,
Quand nous aurons
Des millions.

(*Éternuant.*)

Atchi!

MADAME AUSTERLITZ.

De mon état, je suis portière,
Mais, dès qu' la rente aura monté,
Je veux de mon propriétaire
Acheter la propriété;
Et quand j'aurai conclu l'affaire,
Sans écouter aucun' raison,
Je flanque mon propriétaire
A la porte de sa maison.

TOUTES.

Quel plaisir, etc.

MADAME LARFAILLOU.

Moi, si j' m'enrichis, je m' propose
D'avoir, pour chasseur, un Mam'louk;
Et dans un boudoir d' satin rose,
Des canapés en *caïlloutchou*;
J' veux des Amours mythologiques,
Peints sur un papier bleu d'azur,
Et des causeuses élastiques,
Afin de recevoir Arthur.

TOUTES.

Quel plaisir, etc.

(*Ici l'on entend sonner trois heures.*)

TOUTES. Trois heures!

MADAME CABOCHARD. La rente va sortir de la Bourse.

MADAME AUSTERLITZ. La voilà! la voilà!

MADAME LARFAILLOU. Dieu! comme elle a diminué! (*Ici, l'on voit la Rente retraverser le théâtre, représentée par un tout petit enfant habillé exactement comme l'était la Rente à son entrée.*)

CHOEUR

Air final du Carlin.

Ah! quelle taille exiguë!
Comme la rente a baissé!
Ma fortune est perdue,
Et tout est fricassé.

MADAME LARFAILLOU. Rassurez-vous, Mesdames, rassurez-vous, la Rente remonte dans la coulisse. Et tenez, regardez! (*Ici, on aperçoit, sortant par une des coulisses, une immense femme vêtue comme les deux premières.*)

REPRISE DU PREMIER CHOEUR.

Courons et suivons
Cette rente, etc.

(*Toutes sortent.*)

LA REINE, *rentrant avec Picotin.* Eh bien! qu'en dis-tu?

PICOTIN. Je dis que toutes ces dames sont très-vieilles et que j'aimerais mieux en voir de jeunes, de jolies, et même de vertueuses, si c'est possible.

LA REINE. C'est très-possible, tiens, regarde! (*Ici, paraît une inscription portant ces mots :* FÊTE A NANTERRE, COURONNEMENT D'UNE ROSIÈRE.)

PICOTIN, *lisant.* « Fête à Nanterre, couronnement d'une rosière.., » Une rosière! il y en a donc encore?

LA REINE. Seulement à Nanterre!.. Veux-tu que je t'y conduise?

PICOTIN. C'est que c'est bien loin.

LA REINE. Allons donc! est-ce qu'il y a des distances aujourd'hui!.. Tiens, nous sommes arrivés. (*Changement. Paysage au fond: sur le devant de la scène on voit un poteau couvert d'une affiche portant, en grosses lettres :* MANUSCRIT PERDU, CINQUANTE CENTIMES DE RÉCOMPENSE. *Puis, suivent de petites lettres que le spectateur ne peut lire.*)

PICOTIN. Qu'est-ce que c'est que ça? une affiche!.. lisons. (*Lisant.*) « Manuscrit perdu, cinquante centimes de récompense. Il a été perdu chez le concierge du Gymnase, un manuscrit répondant au nom de : LA PARIURE DE JULES DENIS. Le directeur ayant commis l'indiscrétion de le lire et ayant remarqué dans cet ouvrage des beautés qui l'ont surpris, promet cinquante centimes de récompense à la personne qui voudrait bien lui apporter l'auteur. » Comment! est-ce que c'est possible!

Air de *Julie*.

Le directeur, en recevant l'ouvrage
Ne savait pas le nom de son auteur?

LA REINE.

L'auteur ne sut pas davantage
Qu'il fut reçu par ce bon directeur;
Secret profond que dans une ombre épaisse
On a si prudemment tenu,
Que le public même n'a jamais su
Que l'on avait joué la pièce.

PICOTIN, *à un garde champêtre qui traverse.*
Pardon, garde champêtre; la rosière, s'il vous
plaît?

LE GARDE CHAMPÊTRE. Plaît-il?

PICOTIN. La rosière, où est-elle?

LE GARDE CHAMPÊTRE. Monsieur, nous n'en te-
nons plus... toutes les rosières se sont faites vivandières.

PICOTIN. Vivandières!..

LE GARDE CHAMPÊTRE. Oui, Monsieur, depuis
qu'il est arrivé à Nanterre un nouveau régiment
de guides.

PICOTIN. Comment! les rosières se sont en-
gagées?..

LE GARDE CHAMPÊTRE. Oui Monsieur, et justement les voici guidées par leurs guides. *(La reine
sort. Les guides et les vivandières entrent:)*

CHŒUR.

Air de *M. Montaubry*.

Allons,
Marchons
Aux sons
De nos chansons.
Jeunes filles et militaires,
Nos voix
Cent fois
Rediront les exploits
Des guides et des vivandières
De mil huit cent cinquante-trois.
En avant, (*Ter*.)
Notre nouveau régiment!
En avant, (5 *fois*.)
Militairement.

LES GUIDES.

Allons, gentilles vivandières,
Allons, versez-nous à plein bord,
A plein bord,
Verse encor,
Allons, allons, verse plus fort.

LES VIVANDIÈRES.

Tout doux, messieurs les militaires,
Si verser nous rend plus légères,
Trop verser
Peut lasser,
Et nous voulons ici danser.

PREMIER GUIDE.

Eh bien! que la fête commence!

DEUXIÈME GUIDE.

Il faut profiter des beaux jours.

PREMIÈRE VIVANDIÈRE.

Après le service, la danse.

LES GUIDES.

Après la danse, les amours.

ENSEMBLE.

En avant, (*Ter*.)
Dansons militairement.
En avant, (5 *fois*.)
Tout le régiment.
(*Ballet*.)
(*Après le départ des guides*.)

LE GARDE CHAMPÊTRE. Roulez, tambour. (*Roulement. Tout le monde se groupe autour du garde.
Déroulant un papier et lisant.*) « Il est fait à savoir
« aux habitants de la ville de Nanterre, qu'à dé-
« faut de rosières, cette année, la rose blanche
« sera donnée pour cette fois seulement à une
« pièce de théâtre. Plusieurs pièces vertueuses
« sont sur les rangs et demandent à être intro-
« duites. »

PICOTIN. Une pièce vertueuse, c'est bien plus
rare qu'une rosière... je prends place... qu'on
introduise la première pièce venue.

SCÈNE VI.

LES MÊMES, LA REINE, TOM ET SHELBY, *dans
la salle.*

SHELBY, *interrompant.* Un instant, un instant,
je réclame la rose pour Monsieur. (*Il montre Tom.*)

TOM. Moi, bien bon, moi bien doux, moi vou-
loir être rosière, na!

PICOTIN. Qui êtes-vous, Monsieur?

SHELBY. L'oncle Tom, un roman nègre qui fait
pleurer le public et gémir la presse... Saluez, Tom.
(*Tom se lève et salue le public.*)

PICOTIN. Eh! laissez-nous tranquilles, Monsieur,
vous et votre noir?

SHELBY. Quel animal!.. quoi! vous ne voulez
pas de mon *noir, animal?*

PICOTIN. Qui diable les a plantés là?

SHELBY. C'est moi, Monsieur, je suis planteur.

PICOTIN. Ah!

SHELBY. Planteur au Kentucky.

PICOTIN. Au Kentuc... quoi?

SHELBY. Pas quoi! ki!.. au Kentucky, un État
d'Amérique où il ne pousse que des noix de coco...
Mais je suis bien bon d'entretenir Monsieur *de la
noix* de coco.

PICOTIN. Enfin, Monsieur, que me voulez-vous?..
l'oncle Tom n'est pas une pièce.

SHELBY. Si fait, Monsieur, dans son pays on l'a
mis en morceaux, et à Paris on parle de le mettre
en pièces.

PICOTIN. Comment! Monsieur, on a mis votre
nègre en morceaux?

SHELBY. Tom, racontez votre histoire.

TOM. Moi, bon nègre, moi bien travailler dans le Kentucky, mais moi vendu, moi fouetté et moi mangé par les mouches, alors, pauvre petit Tom mort.

SHELBY. Mais petit Tom vit encore.

PICOTIN. Pourquoi son premier maître l'avait-il vendu?

SHELBY. Son premier maître, c'était moi, Shelby... j'avais une traite à payer et je n'avais pas de monnaie... ma foi, j'ai payé ma traite avec ce noir et un autre petit négrillon.

PICOTIN. Et votre créancier a accepté pour votre traite?..

SHELBY. Oui, Monsieur, il a accepté pour ma *traite, des noirs...* C'est alors que M. Legrée, un homme dur comme les pierres, persécuta le malheureux Tom... même au milieu des tabacs, il empêchait ce *noir de fumer* et le plongeait dans de sombres cachots pour empêcher ce *noir d'y voir* Ah! Monsieur, quel drame! il faut voir quelle peine *Tom a!* il faut entendre quels cris *Tom pousse!..* Il finit par en avoir la jaunisse et son maître s'écrie en l'apercevant : Ciel! *Tom jaune!*

PICOTIN. Eh! Monsieur, quelle pièce voulez-vous qu'on fasse avec cette histoire?

SHELBY. Comment! quelle pièce, Monsieur!.. mais il y en a déjà trois... on a fait une au Gymnase, une à l'Ambigu, une à la Gaîté; on me vole mon nègre, Monsieur, et j'empêcherai toutes ces pièces d'être jouées, ou l'on me donnera une récompense.

UN MONSIEUR, *placé aux deuxièmes loges, vêtu comme Shelby, et ayant également un nègre à côté de lui.* Ah! par exemple, c'est ça qui serait cocasse !

SHELBY. Cocasse vous-même... qui êtes-vous?

LE MONSIEUR. Qui je suis, Monsieur?.. je suis le défenseur de l'oncle Tom, du Gymnase. Le voici, Monsieur, c'est le seul vrai, le seul vraiment vrai.

UN DEUXIÈME MONSIEUR, *aux troisèmes, ayant également un nègre à côté de lui.* Ce n'est pas vrai!.. le seul véritable, le voici; c'est l'oncle Tom, de l'Ambigu.

PREMIER MONSIEUR. C'est celui du Gymnase.

DEUXIÈME MONSIEUR. C'est celui de l'Ambigu.

UN TROISIÈME MONSIEUR, *au paradis, ayant également un nègre à côte de lui.* Ce n'est ni l'un ni l'autre, le véritable Tom est le mien, c'est l'oncle Tom, de la Gaîté.

SHELBY. Un oncle Tom au paradis!

PICOTIN. Mais il n'y aura jamais assez de neveux à Paris pour aller voir tous ces oncles-là.

SHELBY. Erreur, Monsieur, ce sont des oncles d'Amérique.

DEUXIÈME MONSIEUR. Le mien fait pleurer.

PREMIER MONSIEUR. Le mien fait rire.

TROISIÈME MONSIEUR. Le mien fait rire et pleurer.

PICOTIN. Qu'est-ce que vous réclamez?..

TOM. Nous réclamons la rose.

PICOTIN. Allez tous vous promener; vous n'aurez pas ma rose.

SHELBY, *aux trois messieurs.* Vous l'entendez, mes amis, voilà comme on récompense nos vertus... Embrassons nos nègres et partons.

LES TROIS MESSIEURS, *embrassant leurs nègres.* Cher oncle Tom!..

SHELBY. Dieu! mon nègre qui déteint!

LES TROIS MESSIEURS. Les nôtres aussi.

TOM. Sauvons-nous! (*Ils quittent la salle.*)

SCÈNE VII.

PICOTIN, LA REINE, HABITANTS DE NANTERRE, LE GARDE, UN TAMBOUR, LE JUIF-ERRANT.

LE GARDE, *annonçant.* Le grand Opéra!

PICOTIN. Il doit renfermer de grandes vertus... Qui êtes-vous?

LE JUIF-ERRANT. Isaac Laquedem...

PICOTIN. Nicodême?

LE JUIF. Laquedem.

(*Parodie à grand orchestre.*)
Je suis le Juif-Errant, sur la terre étrangère
J'erre, j'erre, j'erre...

PICOTIN.
Que dit-il?

LE JUIF.
Je dis : j'erre.
Le tourbillon m'entraine, il emporte mes pas,
Malheureux patriarche,
Le destin me dit : marche!
Marche! marche! marche!

PICOTIN.
Ce n'est qu'à l'Opéra que vous ne marchez pas.
(*Bruit de trompette.*)

LE JUIF.
Entendez-vous, c'est la trompette
Du jugement dernier.

PICOTIN.
Mon jugement, à moi, c'est que vous êtes bête...
Voilà mon jugement premier.

LE JUIF.
Silence, silence,
De la prudence,
Parlons bas, comme à l'Opéra,

ENSEMBLE.
(*En criant de toutes leurs forces*)
Ah! ah! ah! ah! ah! ah!

PICOTIN. En voilà assez !.. c'est fatigant !.. mon brave homme, je ne puis rien faire pour vous. (*Le Juif-Errant sort.*) A un autre! (*Roulement.*)

LE GARDE, *annonçant.* Le nouveau, le grand théâtre du Cirque. (*Paraît un enfant.*)

PICOTIN. Tiens! c'est monsieur Auriol... que voulez-vous, mon petit ami?

AURIOL. Je veux la rose.

PICOTIN. Vous voulez la rose... et pourquoi voulez-vous la rose?

AURIOL. J'ai été bien sage...

PICOTIN. Vous n'êtes pas assez littéraire. (*A part.*) C'est vrai, ça, parce que ça gambade, que ça saute, que ça! (*Auriol lui fait un pied de nez.*) Eh bien!... a-t-on jamais vu!... Je veux de la littérature. (*Auriol sort. — Roulement.*)

LE GARDE, *annonçant.* Les théâtres de la Porte Saint-Martin, de l'Ambigu et des Variétés.

SCÈNE VIII.

LES MÊMES, LA POISSARDE, LA DAME DE LA HALLE ET LA TANTE TIQUOT.

ENSEMBLE.

Air !

Ah! quand partout je fais fureur,
D'un triomphe si flatteur
On veut m'enlever l'honneur,
    C'est une horreur!
Je vous arracherai les yeux,
    (Car c'est un tour odieux,)
    Et tout le monde en ces lieux
      Est furieux.

PICOTIN. Quelles sont ces trois poissardes?

LA DAME DE LA HALLE. Poissardes!.. la v'là, la poissarde, la poissarde de la Porte-Martin, vieux crétin!..

PICOTIN. Pas crétin!... Picotin!

LA DAME DE LA HALLE. Faut vous dire que c'te poissarde est une richarde pas mal égrillarde, et qui babillarde dans l'intérêt d' sa moutarde, une gaillarde qu'on croit bâtarde, et qu'est si mignarde que chacun la r'garde, si bien qu'on la brocarde, et comme la poissarde n'y prend garde, v'là qu'elle finit dans une mansarde avec de vieilles z'hardes et son mari qui s'pocharde... mais l'ciel qui la tient en garde et qui n' veut pas qu'elle se poignarde, amène la garde, et l' traître qui moucharde est mené z'au corps de garde... V'là la poissarde.

PICOTIN. Dieu! quelle bavarde!

LA POISSARDE. Mais, vois-tu c'te vertu de l'Ambigu... ça s'dit dame de la halle parc'que c'est sentimental et que, pour marcher tant bien qu' mal, ça prend un air moral, une affiche colossale et qu'ça met d'la cabale plein la salle... Mais t'as beau t' faire du mal, t'es d'un froid glacial, d'une bêtise idéale, et t'as fait un four si pyramidal et tellement phénoménal, qu'on t'mettrait dans un bocal... Oh! c'te balle!

PICOTIN. Je trouve ça jovial.

LA TANTE TIQUOT. Mais voyez donc ces deux dondons, quel jargon et quel mauvais ton!... Moi, j' suis la tante Tiquot, une autre Margot, troisième numéro, et qui joue dans Taconnet

d'chez Nicolet, mes minets, c'est ça qu'est une nouveauté des Variétés qu'est joliment variée... au premier acte, on parle de comédie au second acte, on joue la comédie, au troisième, on enseigne la comédie, au quatrième, on défend de jouer la comédie, et au cinquième, on rejoue la comédie.

PICOTIN. Cinq comédies dans une comédie!

LA TANTE TIQUOT. Comme y dit.

Air de Marianne.

Les auteurs ne connaissent plus de bornes,
Et la Tiquot, dans un couplet,
Conseille de planter des cornes
Sur la tête de Taconnet.
    Quand on le corne,
    Ce mot de corne
Semble effrayer les femmes qui sont là;
    Elles frémissent,
    Elles rougissent...
C'est un effet, ah! Monsieur, faut voir ça!
Mais, en dépit de la morale,
Le couplet des hommes compris
Est bissé par tous les maris
Qui se trouvent dans la salle.

C'est comme le Théâtre-Lyrique, c'est ça qu'est chic et comique... un théâtre charmant, mes enfants, fait pour des débutants de dix-huit ans, et qui ne prend que des jeunes gens de cinquante ans... mais ils sont vivants, ils ont des dents, et le meilleur de là dedans est Adam.

PICOTIN. V'là le chiendent!

TOUTES LES TROIS, *parlant à la fois.* C'est moi qu'étais le vrai succès, et toi, mon amour, t'as fait le four le plus lourd qu'on ait vu de nos jours.

PICOTIN. En voilà assez?... fichez-moi le camp!

REPRISE DU CHŒUR D'ENTRÉE.

Ah! quand partout je fais fureur,

(*Elles sortent. — Roulement.*)

LE GARDE, *annonçant.* Benvenuto Cellini.

PICOTIN. Oh! qu'il n'entre pas!

Air de Calpigi.

Je me souviens qu'il s'évertue
A façonner une statue,
Et sous les yeux du spectateur,
Pendant vingt minutes, l'acteur
Est remplacé par le sculpteur.
Aussi le public, las d'attendre,
Applaudit-il sans rien comprendre
Au sculpteur, parce qu'il est acteur,
A l'acteur, parce qu'il est sculpteur.

Passons à autre chose. (*Roulement.*)

LE GARDE, *annonçant.* La Bergère des Alpes et Jean le Cocher. (*On voit sortir de terre une montagne de neige. Jean Maurice qui entre en ce moment s'accroche dans la montagne et tombe.*) (*Éclairs. — Bruit de tonnerre.*)

JEAN MAURICE. Après vingt ans d'absence... (*Il reçoit un pavé sur la tête et tombe.*)

PICOTIN. Qu'est-ce que c'est que cela?

JEAN MAURICE. C'est l'avalanche.

PICOTIN. Ah! oui, dans les Alpes!

JEAN MAURICE. Après vingt ans d'absence... (*Un second pavé.*)

PICOTIN. Qu'est-ce que c'est que cela?

JEAN MAURICE. C'est l'avalanche.

PICOTIN. Ah! oui... dans les Alpes.

JEAN MAURICE. Après vingt... ans... (*Un troisième pavé.*)

PICOTIN. Toujours l'avalanche... Ah! mon Dieu! vous ne vous êtes pas fait de mal, Monsieur?

JEAN MAURICE. Au contraire, je suis accoutumé aux chutes.

PICOTIN. Qu'est-ce que c'est donc que cette machine qui vous a fait choir?

JEAN MAURICE. C'est de la neige qui vient de pousser.

PICOTIN. De pousser?

JEAN MAURICE. Oui, Monsieur, la neige autrefois tombait du ciel, mais à la Gaîté, la neige pousse, elle sort de terre comme les champignons... à la Gaîté, la neige est devenue un légume que le directeur présentera sans doute au Musée d'horticulture.

PICOTIN. Mais pardon, Monsieur, je croyais que l'on avait annoncé deux pièces, et vous arrivez seul.

JEAN MAURICE. Non, Monsieur, je suis deux.

PICOTIN. Vous êtes deux?

JEAN MAURICE. Oui, Monsieur, Jean le Cocher et Jean Maurice, c'est le même personnage.

PICOTIN. Comment! ces deux Jean sont le même Jean.

JEAN MAURICE. La Gaîté et l'Ambigu ont joué a même pièce.

PICOTIN. Ça leur arrive quelquefois.

JEAN MAURICE. Jean le Cocher est un père qui a perdu sa fille, et la Bergère des Alpes une fille qui a perdu son père. Jean le Cocher est un vieux soldat de l'Empire, qui a une vieille redingote, un vieux chapeau, un vieux pantalon, une vieille tête... Jean Maurice a la même vieille tête, le même vieux pantalon, le même vieux chapeau, la même vieille redingote, et se trouve être le même vieux soldat de l'Empire. Dans la Bergère des Alpes, il y a des reconnaissances, des dévouements, des embrassades et des effets de neige; dans Jean le Cocher, il y a un petit effet de neige, les mêmes embrassades, les mêmes dévouements.

Air de Turenne.

> Toutes ces pièces sont compactes
> De dévoûments faciles à jouer ;
> On se dévoue à tous les actes,
> A chaque scène il faut se dévouer,
> Et c'est adroit, nous devons l'avouer.
> Car le public, voyant hommes et femmes
> A chaque instant se dévouer ainsi,

Comprend qu'il faut se dévouer aussi
Pour aller voir les mélodrames.

PICOTIN. C'est plein d'intérêt ; mais dites-nous donc une scène de Jean le Cocher.

JEAN MAURICE. Ah! m' n' ami, après vingt ans d'absence, je retrouve mon vieux clocher et le vieux banc sous le vieux chêne où mon vieux père...

PICOTIN. C'est bien vieux tout cela!.. vous dites que c'est dans la Bergère des Alpes?

JEAN MAURICE. Non! c'est dans Jean le Cocher.

PICOTIN. Alors, dites-nous quelque chose de la Bergère des Alpes.

JEAN MAURICE. Ah! m' n' ami!.. après vingt ans d'absence, je retrouve mon vieux clocher et le vieux banc, sous le vieux chêne, où mon vieux père...

PICOTIN. C'est dans Jean le Cocher?

JEAN MAURICE. Non! c'est dans la Bergère des Alpes.

PICOTIN. Mais c'est plein de larmes tout cela.

JEAN MAURICE. Oh! il n'y a pas besoin de poignard ni d'empoisonnement... des larmes! Monsieur, il n'y a que des larmes!

PICOTIN. Ce n'est pas très-gai ces théâtres-là... parbleu! je serais curieux de juger de l'effet de tous ces dévouements.

JEAN MAURICE. Rien de plus facile; nous allons vous donner un aperçu des principales situations... Enlevez l'avalanche. (*La neige disparaît.*) A moi, mes deux troupes! (*Ici paraissent, d'un côté Luidgi, Petit-Pierre, le colonel Henri, Geneviève et Jeanne de Jean le Cocher ; et de l'autre, Duclos, Fernand, la Duchesse, Pauvrette et Léonide de la Bergère des Alpes.*)

PICOTIN. Ah! quel avalanche de personnages!

JEAN. Avons-nous bien tous nos petits bibelots?

DUCLOS. J'ai mon bouquet de bruyères.

FERNAND. Moi, ma bague.

PAUVRETTE. Moi, mon portrait.

JEAN MAURICE, *aux personnages de Jean le Cocher.* Et vous, là-bas?

GENEVIÈVE. Moi, j'ai ma bourse et mon portrait.

HENRI. Moi, j'ai mon portefeuille.

PETIT-PIERRE. Moi, j'ai mon petit châle.

LUIDGI. Et moi, mon pistolet.

LA DUCHESSE. Alors, nous pouvons commencer.

LÉONIDE. Commençons.

JEAN MAURICE. Comme mon rôle est le même dans les deux pièces, je jouerai des deux côtés... Allez...

DUCLOS. Ciel! ce bouquet de bruyères!

GENEVIÈVE. Ciel! ce portrait!

FERNAND. Ciel! cette bague!

LUIDGI. Ce pistolet!

LA DUCHESSE, *allant à Léonide.* Ma fille!

JEANNE, *allant à Geneviève.* Ma mère!

JEAN. Mes enfants!

LÉONIDE, *allant à Pauvrette.* Ma sœur!

HENRI, *allant à Jeanne.* Ma femme!

PETIT-PIERRE, *allant à Jeanne.* Ma filleule!

DUCLOS, *allant à Fernand.* Fernand!

JEANNE, *allant à Jean.* Mon père!

JEAN. Ma fille!

PAUVRETTE, *à Jean.* Mon père!

JEAN. Ma fille!

GENEVIÈVE, *allant à Jean.* Mon mari!

JEAN. Ma femme!

TOUS, *des deux côtés.* Monsieur!

JEAN. Mes enfants! (*Ils s'embrassent tous.*)

JEAN, *à Picotin.* Vous voyez, Monsieur, qui voit l'un voit l'autre! (*Ils sortent tous.*)

PICOTIN. En voilà de la gaieté ambiguë!.. après? (*Roulement.*)

LE GARDE CHAMPÊTRE, *annonçant.* Richard III. (*Entrent Élisabeth, Betty, Hawkins, Rutland, John Steigther, puis Richard, puis la duchesse d'York. Le garde champêtre apporte un fauteuil.*)

PICOTIN. Oh! oh! que de personnages! (*Au garde.*) Qu'est-ce que c'est que ça?

LE GARDE. C'est le décor.

PICOTIN. Tiens! le décor représente un fauteuil.

SCROOP, *annonçant.* Le roi!

RICHARD, *déclamant.* Par saint Georges, où est-elle, l'élégance de mon père?.. ô bouffonnerie humaine! je tiendrais dans un casque et je fais trembler l'Angleterre. Vive Dieu! suis-je un roi de carton? Le soleil d'York a-t-il pâli? Par saint Dunstan, le sanglier n'est pas mort, il a toutes ses dents et vous les compterez par les blessures qu'elles vous feront. Je sais ce que je vaux par ce que j'ose... j'ai voulu être, je suis... je veux être, je serai. (*Apercevant la duchesse qui entre.*) Voilà madame ma mère!

LA DUCHESSE D'YORK. Toi, mon fils! tu es un gueux, un brigand, un assassin; tu es bossu, tu es bancal, tu es manchot... eh bien! ton âme est plus laide que ta bosse, ton cœur est moins droit que ta jambe, ta tête est moins hideuse que ton bras... tu es un monstre, un scélérat, une canaille!

RICHARD. Vous ne me dites jamais que des choses désagréables.

LA DUCHESSE D'YORK, *faisant deux ou trois tours sur elle-même et venant tomber morte dans le fauteuil.* Ah!

RICHARD, *tragiquement.* Claquée! (*D'une voix naturelle.*) Fin du premier acte.

PICOTIN. Comme c'est écrit!

RICHARD. Placez le fauteuil à droite... bien! *Acte deux...* allez-y!

BETTY. Toi, mon mari!.. tu es un gueux, un brigand, un assassin!.. tu es bossu, tu es bancal, tu es manchot... eh bien! ton âme est plus laide que ta bosse, ton cœur est moins droit que ta jambe, ta tête est plus hideuse que ton bras, tu es un monstre, un scélérat, une canaille!

RICHARD. Ma sœur, vous élevez bien mal vos enfants.

SCROOP, *à John Steigther.* Tiens! regarde ce tableau... qu'en dis-tu?

JOHN STEIGTHER. C'est une croûte.

SCROOP. Croûte toi-même. (*Il le pousse. John Steighter disparaît dans une trappe.*)

RICHARD. Fin du second acte.

PICOTIN. En voilà déjà deux d'occis... passons à l'acte trois.

RICHARD. Placez le fauteuil au milieu. (*On place le fauteuil au milieu.*) Allez-y!

HAWKINS. Ah! si je pouvais le perdre, ce Richard!.. ce n'est pas un homme, c'est un gueux, un brigand, un assassin... il est bossu, il est bancal, il est manchot... son âme est plus...

PICOTIN. Et cœtera, et cœtera, je connais le reste.

RICHARD, *frappant sur l'épaule d'Hawkins.* Bonjour!

HAWKINS. Ah!

RICHARD. Nous soupons ensemble... Ah! c'est que je suis le seul héritier de la maison d'York, je le ferai connaître... Fais servir, et invite le juif qui est là.

HAWKINS, *appelant.* Holà! Samuel! (*Rutland entre.*)

RICHARD, *à Rutland.* Samuel, bois ça, c'est du nanan.

RUTLAND, *après avoir bu.* L'excellent vin!!! (*A part.*) Il m'empoisonne!.. Ah! eh! hi! oh! hu! (*Il tourne plusieurs fois sur lui-même et va tomber dans le fauteuil.*)

RICHARD. Reclaqué!

PICOTIN. Ça fait trois.

RICHARD. Fin du troisième acte.

PICOTIN. C'est plein d'intérêt... Passons tout de suite au quatrième acte.

RICHARD. Remettez le fauteuil à droite. (*Aux acteurs.*) Allez-y!

ÉLISABETH, *à Richard.* Eh quoi! tu veux que ma fille boive ce narcotique? mais tu es un gueux, un brigand, un assassin; tu es bossu, tu es bancal...

PICOTIN. Et cœtera, et cœtera... La phrase est jolie, mais vous en abusez un peu.

RICHARD, *à Betty.* Buvez, je le veux. (*Betty boit. Elle tourne plusieurs fois sur elle-même et va tomber dans le fauteuil.*) Rereclaquée.

PICOTIN. Et de quatre!

RICHARD. Fin du quatrième acte.

PICOTIN. C'est palpitant; passons au cinquième.

RICHARD. Mettez le fauteuil... non! pas de fauteuil! Je mourrai debout, ce sera une variante.

PICOTIN. Le fait est que voilà un fauteuil qui, dans cette pièce, a beaucoup d'ouvrage; il doit être fatigué.

RICHARD, *prenant le milieu du théâtre.* — Parodie de la mort de Richard III. Ah! ah! où est-il, le mort?.. Le voilà... je suis le roi... encore le roi... toujours le roi... Je me suis traîné jusqu'ici, moi et ma bosse, afin de ne pas mourir sous leurs yeux... Ah! les maladroits... Un cheval!.. un cheval!.. à dada!.. Donne-moi ton épée... donne-moi ton épée... hein!.. hein!!!.. Ah! vous avez voulu voir Richard mourant... Le voilà! il vous regarde... vous êtes plus pâles que ceux que j'ai tués. Un flot de sang m'a porté... un flot de sang me remporte... La vie... la belle guenille! La mort... la belle affaire!.. Mon corps, (*Se touchant le pied.*) je ne le sens plus. Ah! ah! ah! stupide humanité... Ah! sa, sa, sa, sa, ah! hou, hou, a... Ah! hou, hou, hou, hou, a... Ah! je souffre bien!.. il me semble que si je parlais un peu charabia ça me soulagerait. Ah! fouchtra!.. c'est le petit Carcagneux... c'est de la vaille et de la ravaille que je m'en vais t'estrangouilla... Ah! raccommoda porcelaine; retama les casseroles... verre cassé... ferrrrraille à vendrrrrre... Ah! sa, sa, sa, sa... (*Il tombe mort.*)

PICOTIN, *pendant les contorsions.* Ah! sacristi! que voilà une chienne de mort!.. Ah! que je serais donc fâché de mourir comme ça!.. Ah! le pauvre homme! le pauvre homme!

RICHARD, *se relevant.* Eh bien! Monsieur, qu'en dites-vous?

PICOTIN. Je dis que vous mourrez comme un Savoyard.

Air de *Madame Favart.*

Mais cependant, mon ami, prenez garde,
Vous attaquez un grand acteur.
RICHARD.
Je l'écoute, je le regarde,
J'admire en lui le talent créateur ;
Et la critique est légitime
Quand elle rappelle un plaisir ;
On ne s'attaque qu'au sublime,
Je ne pouvais pas mieux choisir,
On ne s'attaque qu'au sublime
Et je ne pouvais mieux choisir.

PICOTIN. N'importe, Monsieur, il m'est impossible de vous donner le prix de vertu. (*Les personnages de Richard sortent.*) Avons-nous encore quelqu'un?

LE GARDE CHAMPÊTRE. Oui, Monsieur, nous avons un nouveau théâtre de marionnettes sur le boulevard du Temple.

PICOTIN. Des marionnettes!.. ce n'est pas un théâtre de Paris, ça ne peut être qu'un théâtre de Pantin. Enfin, c'est égal... voyons toujours.

LE GARDE CHAMPÊTRE. Comme les acteurs ne pouvaient pas venir sans le théâtre, le théâtre est venu avec les acteurs... Les voici, l'un portant l'autre. (*Le théâtre change et représente un théâtre de marionnettes, où l'on ne voit d'abord que la princesse; une actrice parle pour elle dans la coulisse, et, à la scène deuxième, un acteur, dans la coulisse opposée, parle pour le prince, de manière à ce que celui-ci et celle-là aient par-*

faitement l'air d'acteurs de bois. Leurs bras et leurs jambes semblent ne se mouvoir qu'à l'aide de ficelles.

SCÈNE PREMIÈRE.

LA PRINCESSE. Ah! que ma peine est cruelle!.. le seigneur, mon auguste époux, le prince Rinaldino, tarde bien à paraître; lui serait-il arrivé quelque malheur?.. mon faible cœur bat de crainte et d'espoir... Allons sur les créneaux de la tourelle et guettons dans la plaine si je n'apercevrai pas son noble coursier. (*Elle sort.*)

SCÈNE II.

LE PRINCE. Enfin, me voici de retour dans mon noble castel... mais quel pressentiment m'agite... je n'y entrevois pas l'objet de mon amour... et à peine suis-je descendu de mon palefroi, que mon beau page m'a remis cette lettre... ah! lisons... en croirai-je mes yeux!.. les ennemis que nous avions vaincus sont sur nos derrières... attendons-les avec effervescence! et livrons-nous pour l'instant à la recherche de ma bien-aimée.

SCÈNE III.

LE PRINCE, LA PRINCESSE.

LE PRINCE. Enfin, je vous revois, princesse... votre main ; que je la presse sur mon cœur.

LA PRINCESSE. Que vous avez tardé, prince!

LE PRINCE. Ce n'est pas ma faute; je serais revenu plus tôt si je n'étais pas revenu si tard... des brigands nous ont attaqués près de la forêt des chênes; mais j'ai fait mordre la poussière à ces vils scélérats, et je reviens près de ma princesse adorée me reposer des fatigues du voyage dans un festin somptueux.

LA PRINCESSE. Prince, le festin est servi.

LE PRINCE. Alors, dansons.

LA PRINCESSE. Dansons. (*Pas réglé de marionnettes. — Le théâtre disparaît.*)

PICOTIN. Allons donc, il est impossible de couronner des marionnettes... mais saperlotte, je ne vois pas encore le moyen de placer ma rose. Est-ce qu'il n'y a plus personne?

LE GARDE CHAMPÊTRE. Il y a encore une très-jolie dame qui se dit envoyée par le théâtre du Vaudeville.

PICOTIN. Le théâtre du Vaudeville!.. ce doit être quelque chose de vertueux. Faites entrer.

MARGUERITE, *entrant.*

Air : *Bouton de rose.*

Je veux la rose,
Ah! ne me la refusez pas,

Pour le bouquet que je compose,
Moi, *la dame aux camélias*,
Je veux la rose.

PICOTIN. La charmante personne!

MARGUERITE, *à part.* Je vais lui faire de l'œil.

PICOTIN. Parlez, Madame; quels sont vos malheurs!

MARGUERITE. J'en ai eu beaucoup, Monsieur... je suis bien intéressante, allez... j'ai fait pleurer tout Paris pendant deux cents représentations.

PICOTIN. Mon œil s'humecte.

MARGUERITE. Et je suis morte après avoir beaucoup aimé.

PICOTIN. Morte par amour, et elle m'a regardé : mon choix est fait... voilà la pièce la plus vertueuse. (*On apporte une couronne de roses blanches sur un coussin, Picotin la prend et la place sur la tête de Marguerite. — Le théâtre change et représente le palais de la reine des Abeilles.*)

TOUS LES PERSONNAGES.

LA REINE.

Air de *Monsieur Montaubry.*

Frelons, qui partagez nos veilles,
N'en soyez plus l'épouvantail ;
Et suivez gaiment les abeilles
Qui vont retourner au travail.
En bourdonnant, mettons-nous à l'ouvrage,
Et le piston nous accompagnera,
Taratata, taratata, tarata, tarata, taratata.
Mais pour nous donner du courage,
Sur différent sujet,
Chantons tous (*Bis*) un couplet.
Frelons qui partagez, etc.

VAUDEVILLE FINAL.

Air :

MARGUERITE.

Les Français's qui port'nt exprès
Leur taille aux épaules,
Ont l'air de manch's à balais
Dans l' pays des Gaules.

LE GARDE CHAMPÊTRE.

Chez la mèr' Moreau v'nant pour
Avaler un' prune,
Un Allemand disait, l'autr' jour :
Qu'on me serve un' brune.

PIQUANTE.

Sur des affich's qui d'ailleurs
N'ont rien d'anarchique,
On ne voit plus qu' les tailleurs
Parler politique.

JEAN MAURICE.

Qu'il est doux quand on r'vient a-
Près vingt ans d'absence,
De voir qu' la ru' Grenétat
Est encore en France !

LA DUCHESSE D'YORCK.

Il y a tant d'mond' sur l' boul'vard,
Tant d' mond' s'y voiture,

Que pour traverser l' boulevard
Faut prendre un' voiture.

DUCLOS.

Pour enl'ver un animal,
L'Anglais nous condamne...
On n' peut plus enl'ver un ch'val
Même à Drury-Lane.

TANTE TIQUOT.

Voyant sa femme en gilet,
Chaque époux sanglote,
Il craint qu'après le gilet
Ell' n' port' la culotte.

RICHARD III.

Sur la porc'laine du Japon,
L'Amériqu' s'élance,
Et sans porc'lain', le Japon,
Tombe en défaillance.

MARTHE.

L'agent d' change qui, de l'hiver,
Redout' les froidures,
Pour n'êtr' pas à découvert,
Prend des couvertures.

LA FRANCE.

Tant qu' la France aura mes traits
Et mon innocence,
L'étranger n' pourra jamais
Envahir la France.

PICOTIN, *désignant madame Octave, qui joue le rôle de la France.*

Nous verrons, à son début,
La France si brave,
Heureuse comme le fut
Rome sous Octave.

L'AGENT DES COMPOSITEURS.

Dans l' bois d' Boulogn' tout entier
Un lac va s' répandre :
C'est pour forcer à s' noyer
Ceux qui voudraient s' pendre.

LE PRINCE, *sortant de la coulisse, en marionnette.*

Toutes les femmes seraient
Beaucoup moins coquettes,
Si tous les maris étaient
Des *mari'* honnêtes.

LA PRINCESSE, *sortant de la coulisse opposée.*

D'une princesse aux abois
J'ai l'esprit et l'âme,
Il n'est tel qu'un' femm' de bois
Pour être un' bonn' femme.

JEAN MAURICE.

Chez Guignol jamais un au-
Teur n'a d'anicroche ;
Le directeur a le co-
Missair' dans sa poche.

LA REINE, *au public.*

Messieurs, loin de condamner
Des bêtises pareilles,
Laissez gaiment bourdonner
Notre essaim d'abeilles.

FIN.

EN VENTE CHEZ LE MÊME ÉDITEUR.

SUITE DU CATALOGUE.

Les trois Becs.
Les Souhaits secrets.
Le Chevalier de Servigny.
Cela était un.
Les trois Dondon.
Giralda.
La première chanson de Goethe.
Méphistophélès.
L'Alchimiste.
Le père Nourricier.
Grimot embelli par Ravel.
Exhibition de Dundreda l'Ouest.
L'Hôtesse de Saint-Éloy.
La Fille bien gardée.
Le Jour et la Nuit.
Plaisir et Charité.
Marié au second Garçon au cinquième.
Un Bal en robe de chambre.
Ni Coiff.
Le Ménage de Rigolette.
Le Pont Cassé.
Un Valet sans Livrée.
Le Voyant.
Charles le Téméraire.
L'Anneau de Salomon.
Salpêtre de Tentale.
[...]
Les Petits [...]
Les Peines [...]
Les Tentations d'Antoinette.
La Baronne [...]
Les Extases de M. Hochenez.
Le Jornal [...]
Le Renard et les Raisins.
La Belle au Bois dormant.
La Canne à la Femme d'Or.
Christine et [...]
L'Avocat Loubet.
Royal Tambour.
[...]
Le vol à la Roulade.
La Fin Locataire.
[...]
Le Palais de Cristal.
Passiflor et Cactus.
Un Duel au [...]
Les Trois Âges des Navides.
English Exhibition.
Blondette.
Histoire d'une [...]
Gogonnotte.
[...]
Diable-Diable.
Une Paire de Forus.
Les Giboulées.
Un Monsieur qui n'a pas dîné.
Mignon.
Le Chêne aux Griottes.
Voilà plaisir, Mesdames!
La Veuve de la Vraie.
Les deux Fred'hommes.
M. Barbe-Bleue.
Une Queue Rouge.
Le Pour et le [...]
Le Puits [...]
Trois Amours [...]
Les Bloomeristes ou la Réforme des Jupons.
Le Laquais d'un nègre.
Lili Dumont [...]
Madame Schlaps.
Le Prince Ajax.
Les Enfants de [...]
L'Ami de [...]
La Marquise de [...]
Une Vente [...]
Une pincée à la Vanille.
Un service à [...]
L'Original et la Copie.
Une rivière [...]
Cinq Gaillards [...]
Gaillardes.
Un Fièvre [...]
Oh! Vespera [...]
Une petite Fille [...]
[...]
La Fille d'Hoffmann.
Un soufflet à [...]
Les Femmes [...]
La Maîtresse [...]
Scène d'hiver.
Les Échalons de [...]

Les Néréides et les Cyclopes.
Poste restante.
Le Portier de sa Maison.
Les Compagnons d'Ulysse.
Le Roi des Drôles.
La Mère Moreau.
L'Œuvre du Diable.
M. Lyon à la Halle.
[...]
La première [...]
La Jolie Meunière.
La tante Ursule.
Mademoiselle de Navailles.
Plaisir et Charité.
Histoire d'une Femme mariée.
Les Mystères d'Udolphe.
Une Poule Mouillée.
Sullivan.
Tacoabet.
Alice ou l'Ange du Foyer.
Marco Spada.
Tiburce.

L'Avare.
Le Serment de Fornou.
La jeunesse de Louis-QU [...]
La Vicairie de [...]
Les Bals de Flore.
Pour tout lit.
Lucienne.
Le joisn Frère de S. [...]
L'art et ce [...] ber.
Le Grand Hahier.
La Halle mal gardée.
Les Vincennettes d'Annecin.
La Chasse à Volant.
L'art Bonapartiste.
Une France avec les Papillons.
Les Aides de Camp.
La Mère à l'Enfant.
Oh! ça Cupas.
Flairtick.
[...]
Les deux Lézards.
Au Pauvre d'Argent.
La Campagne à Brise-Soleil.

www.ingramcontent.com/pod-product-compliance
Lightning Source LLC
Chambersburg PA
CBHW051204050726
47594CB00007B/3054